MARSHALL SAHLINS

ESPERANDO FOU

TRADUÇÃO MARCELA COELHO DE SOUZA E EDUARDO VIVEIROS DE CASTRO

CB138766

ubu

JCAULT, AINDA

Lord Jenkins, Professor *Strathern, prezados colegas... e demais colegas:*

Fui encarregado pela *Professor* Strathern de agraciá-los com trinta minutos ou menos de "entretenimento digestivo", possivelmente para que vocês não caiam no sono antes da conferência sobre Huxley do *Professor* Stocking. Não sei o que fiz para merecer tal honra acadêmica, e menos ainda o que fazer para satisfazer as expectativas correspondentes – a não ser pelo fato de que, como muitos de vocês, mantenho um caderno de notas e observações clandestinas, que vão de uma linha a muitas páginas, e do qual pensei oferecer-lhes uma seleção de comentários rabugentos a propósito de coisas que estão em voga na antropologia de nossos dias e provavelmente não deveriam estar. De saída, todavia, devo confessar que, folheando minha caderneta, ocorreu-me que Lord Keynes não disse toda a verdade sobre o que acontece a longo prazo. Pelo menos no que concerne à antropologia, *duas* coisas são certas, a longo prazo: uma delas é que estaremos todos mortos; mas a outra é que estaremos todos errados. Evidentemente, uma carreira acadêmica feliz é aquela em que a primeira coisa acontece antes da segunda. Outra ideia que me ocorreu, e ajudou a inspirar o título de minha conferência, foi que minha caderneta é muito semelhante à concepção de poder de Michel Foucault: como esta, aquela também é perversamente poliamorfa. Assim, é nesse espírito pós-estruturalista que lhes ofereço a seguinte *pasticherie* à guisa de sobremesa.

> Entretenimento pós-prandial oferecido por Marshall Sahlins à IV Conferência Decenal da Associação de Antropólogos Sociais da Commonwealth, Oxford, em 29 de julho de 1993.

A INVENÇÃO

DA TRADIÇÃO

Sendo a Grã-Bretanha a pátria da "invenção da tradição", é desnecessário explicar aqui a expressão. Todos sabem, igualmente, como os antropólogos apressaram-se em adaptar tal ideia à nostalgia cultural hoje corrente entre os povos outrora coloniais. Pelo Terceiro e Quarto Mundos afora, as pessoas andam a proclamar o valor de seus costumes tradicionais (tal como elas os concebem). Infelizmente, uma certa atmosfera livresca de inautenticidade paira sobre esse moderno movimento pró-cultural. O rótulo acadêmico "invenção" já sugere artifício, e a literatura antropológica transmite, com demasiada frequência, a impressão de um passado meio falsificado, improvisado para fins políticos, que provavelmente deve mais a forças imperialistas que a fontes indígenas. A título de antídoto possível, chamo a atenção para um caso notável de invenção da tradição, cuja respeitabilidade nenhum acadêmico do Ocidente será tentado a negar.

Pois deu-se que, nos séculos XV e XVI, um punhado de intelectuais e artistas nativos europeus reuniu-se e pôs-se a inventar suas tradições, e a si mesmos, tentando revitalizar o saber de uma antiga cultura que consideravam ter sido obra de seus ancestrais, mas que não compreendiam plenamente, pois essa cultura estava perdida há muitos séculos, e suas línguas (latim e grego) andavam corrompidas ou esquecidas. Muitos séculos antes, igualmente, esses europeus tinham-se convertido ao cristianismo; mas isso não os impedia agora de clamar pela restauração de sua herança pagã: voltariam a praticar as virtudes clássicas, chegariam mesmo a invocar os deuses pagãos. Seja lá como for (e como foi), nessas circunstâncias – as de uma enorme distância a separar esses intelectuais aculturados de um passado efetivamente irrecuperável –, a nostalgia já não era o que costumava ser. Os textos e monumentos que esses intelectuais construíram eram, o mais das vezes, meros simulacros servis de modelos clássicos. Criaram assim uma tradição consciente de cânones fixos e essencializados; escreveram história no estilo de Lívio, poesia em um latim amaneirado, tragédia ao modo de Sêneca e comédia conforme Terêncio; decoraram igrejas cristãs com fachadas de templos clássicos e seguiram, de modo geral, os preceitos da arquitetura romana estabelecidos por Vitrúvio – sem se darem conta de que esses preceitos eram gregos. Tudo isso veio a ser chamado, na história europeia, de Renascimento, pois deu à luz a "civilização moderna".

O que mais se pode dizer disso, senão que algumas pessoas sempre tiram a sorte grande histórica? Quando são os europeus que inventam suas tradições – com os turcos às portas –, trata-se de um renascimento cultural genuíno, o início de um futuro de progresso. Quando outros povos o fazem, é um signo de decadência cultural, uma recuperação factícia, que não pode produzir senão simulacros de um passado morto.

Por outro lado, a lição histórica poderia ser a de que nem tudo está perdido.

SOBRE O MAT

TERIALISMO

O materialismo deve ser uma forma de idealismo, já que está errado – também.

HERÁCLITO

HERÓDOTO

Um dos argumentos correntes contra a coerência das culturas e a possibilidade de se realizar qualquer tipo de etnografia sistemática é que, como um certo rio filosófico de renome, as culturas estão sempre mudando. O fluxo é de tal natureza que jamais se pode mergulhar duas vezes na mesma cultura. E, todavia, a não ser que alguma identidade e consistência sejam simbolicamente impostas às práticas sociais, como também aos rios, não apenas pelos antropólogos mas também pelas pessoas em geral, a inteligibilidade, ou mesmo a sanidade, para não falar na sociedade, seriam impossíveis. Pois, parafraseando John Barth, a realidade é um belo lugar para se visitar (filosoficamente), mas ninguém nunca morou lá.

PÓS-ESTRU

TURALISMO

Eis um moderno conto popular norte-americano que vai no mesmo sentido. Três árbitros de beisebol de primeira divisão estavam debatendo como marcar *balls* e *strikes*.[1] "Eu os marco conforme são", disse o primeiro. "Eu", disse o segundo, "eu os marco conforme os vejo." "Não", declarou o terceiro, que tinha mais estrada que os outros, "eles não existem até que eu os marque." Tecnicamente, segundo o *Cours de gimnastique générale*, isso é conhecido como o "caráter arbitrário do signo do árbitro". De onde vem a máxima pós-estruturalista: "*don't be Saussure*"[2] (Eric Hamp).

Chicago Tribune, 23 de maio de 1993: Jim Lefebvre tornou-se o primeiro técnico expulso da história do Estádio Joe Robbie com o incidente de sexta-feira à noite. O árbitro principal, Ed Rapuano, realizou este feito depois que Lefebvre protestou contra um terceiro *strike* marcado contra Sammy Sosa. "A bola estava baixa", disse Lefebvre... "Quando ele me pôs para fora, disse: 'Não me importa onde a bola passou'. Um árbitro que não dá a mínima para onde a bola passou? Isso é que é ser arbitrário!"

1 *Balls* e *strikes* são os arremessos ou lançamentos de bola do *pitcher*, o arremessador, para o batedor. O batedor tem três chances para bater a bola: "*strike*" é uma bola válida que ele não acerta; "*ball*" é uma bola fora da área de *strike* e, assim, não válida. O árbitro então faz um sinal para quem está marcando os pontos. [N. T.]

2 Trocadilho intraduzível com "*don't be so sure*", "não esteja tão certo disso". [N. T.]

A CULTURA JAPONESA ESTÁ

MPRE EM TRANSFORMAÇÃO

Um amigo japonês disse-me que o famoso santuário imperial em Ise se mantém inalterado desde o século VII – idêntico ao que era quando foi construído pela primeira vez. Para os ocidentais, é claro, ele não parece assim tão velho. É que, segundo a tradição corrente, os edifícios em Ise têm sido reconstruídos (em locais alternados) a cada vinte anos, exatamente da mesma maneira – usando-se os mesmos instrumentos antigos e os mesmo materiais –, e cada passo do processo é marcado pelos rituais antigos apropriados. Mas é óbvio que os instrumentos não poderiam ser exatamente os mesmos, poderiam? Eles não teriam durado treze séculos. E o que significa dizer que os materiais são os mesmos, visto que a cada vez se usa madeira nova? E de que modo duas performances rituais poderiam jamais ser "a mesma"?

(Na verdade, o ciclo de reconstrução foi certa feita interrompido por mais de 150 anos, e os edifícios e instrumentos sofreram algumas mudanças. Mas esta não é a tradição ou percepção japonesa dominante. A tradição diz que eles não mudaram, e a percepção é de que são os mesmos.)

Um crítico de arte ocidental explica que os edifícios reconstruídos não são "réplicas", mas sim "Ise recriado".

Nosso conceito da continuidade de uma floresta talvez seja algo de mais próximo da concepção xintoísta, já que ele envolveria de fato a natureza: a floresta amazônica vem existindo há séculos ou milênios, mesmo se todas as árvores originais pereceram e foram substituídas várias vezes. Em todo caso, é óbvio que a identidade é uma construção relativa, baseada em uma valoração seletiva de similaridades e diferenças. Em Ise, é irrelevante que os materiais tenham sido renovados – e assim não sejam os mesmos aos olhos ocidentais –, contanto que permaneçam sendo do mesmo tipo e que sua combinação obedeça ao antigo regime técnico e ritual. Segundo tais critérios, aquilo que chamamos Abadia de Tintern[3] não poderia receber tal nome, a despeito da "autenticidade" ou da idade de suas pedras. Não seria a Abadia de Tintern, porque é uma ruína.

Em sua *Vida de Teseu*, Plutarco conta a seguinte história sobre o navio em que o herói retornou a Atenas, após ter vencido o Minotauro:

> A galé de trinta remos na qual Teseu velejou com os jovens e retornou são e salvo foi preservada pelos atenienses até a época de Demétrio de Falera (317-307 a.C.). De tempos em tempos, removiam o madeirame velho e o substituíam por um novo, de modo que o navio tornou-se uma ilustração clássica, para os filósofos, da polêmica sobre o crescimento e a mudança, alguns argumentando que ele continuava o mesmo, outros defendendo que se transformara em uma embarcação distinta.

O que pensar, assim, da observação tão popular segundo a qual "a cultura está sempre em transformação"?

3 Famosas ruínas, situadas no País de Gales, de igreja reconstruída no século XIII, pertencente à abadia fundada no século anterior por monges cistercienses. Inspirou o poema de Wordsworth, "Lines". [N. T.]

ÉTICO E

E ÊMICO

Toda "-ética" ou linguagem de descrição científica (dita) objetiva baseia-se em uma grade de distinções dotadas de sentido, isto é, em distinções "-êmicas". Tome-se o Alfabeto Fonético Internacional, por meio do qual os sons significativos de qualquer língua podem ser "objetivamente" registrados e reproduzidos. O alfabeto fon*ético* é constituído de todas as distinções fon*êmicas* conhecidas: de todas as diferenças entre segmentos sonoros que, segundo se sabe, significam diferenças de sentido nas línguas naturais existentes no mundo. Assim, em princípio, a descrição objetiva de qualquer língua consiste em sua comparação com a ordem significante de todas as outras línguas.

O mesmo vale para a etnografia. Nenhuma boa etnografia é autocontida. Implícita ou explicitamente, a etnografia é um ato de comparação. Em virtude da comparação, a descrição etnográfica torna-se objetiva. Não no sentido ingênuo, positivista, de uma percepção não mediada – justo o contrário: ela acede a uma compreensão universal na medida em que faz incidir sobre a percepção de qualquer sociedade as concepções de todas as outras. Alguns dos adeptos dos *Cultural Studies* – *cult studs*,[4] como os chama Tom Frank – parecem pensar

4 Jogo de palavras intraduzível entre *cultural students*, isto é, os praticantes da nova disciplina dos *Cultural Studies*, tida como de "vanguarda", e "garanhões [*studs*] em voga [*cult*]". [N. T.]

que a antropologia se esgota na etnografia. Antes o oposto: etnografia é antropologia, ou não é nada.

A POÉTICA D

DA CULTURA I

Precisa-se de antropólogos. Nenhuma experiência é realmente necessária. Paga-se melhor que à maioria dos poetas.

A POÉTICA D

A CULTURA II

Para falar da cultura como uma ordem superorgânica, na qual os indivíduos praticamente não contavam, A.L. Kroeber gostava de usar a metáfora do recife de coral: uma vasta construção feita de minúsculos microrganismos, cada um dos quais, agindo segundo sua própria natureza, secreta um acréscimo imperceptível à estrutura do recife, cuja escala e organização o transcende de muito. O mesmo se passa com a cultura:

> A história dos grandes homens nos ensina
> Que podemos tornar sublime nossa vida,
> Mas que ao passar deixamos, tal a nossa sina,
> Assinalada em limo a trilha percorrida.

“A PSEUDOPOLÍTICA DA INTE

RETAÇÃO" (GERALD GRAFF)

Em um número recente do jornal de vanguarda *Cultural Anthropology*, um certo relativismo cultural foi desqualificado como (eu cito) "politicamente inaceitável". De maneira similar, um breve comentário a um livro de ensaios sobre a história melanésia adverte que o *Negara* de Geertz e os ensaios polinésios de Sahlins, ao tentarem compreender a história em termos de conceitos como "cultura" ou "estrutura", oneram a antropologia com noções "perigosas", isto é, noções essencializantes, que dotam falsamente um povo de qualidades culturais eternas, ou supervalorizam ideologias hegemônicas ao negligenciar "o caráter politicamente fraturado e contestado da cultura". Noções perigosas? Oxalá não esteja longe o dia em que tais afirmações serão vistas como manifestamente lunáticas. Nesse meio-tempo, porém, a ostentação de superioridade político-moral parece ser o melhor argumento antropológico. Para saber o que são os outros povos, basta adotar as atitudes apropriadas diante do racismo, do sexismo ou do colonialismo. Como se a verdade dos outros coincidisse com a nossa boa vontade. Ou como se os valores culturais de outros tempos e lugares, os eventos que eles organizam e as pessoas responsáveis por eles, tivessem sido concebidas com o fim precípuo de responder ao que quer que ande nos perturbando ultimamente. Mas (parafraseando Herder) é sempre bom lembrar que esses povos não sofreram e pereceram apenas para adubar nossos pobres campos intelectuais.

E, certamente, é um cruel destino pós-modernista este que requer que a/o etnógrafa/o celebre a diversidade contra-hegemônica dos discursos de outros povos – a célebre polifonia ou heteroglossia – enquanto, ao mesmo tempo, vê-se forçada/o a confessar que a sua própria voz acadêmica não passa de uma versão estereotipada de um sistema de poder totalizado. Parece que o imperialismo é o último dos velhos sistemas culturais. A nossa é a única cultura que vem escapando à desconstrução por meio de oportunas trocas de vanguarda, ao mesmo tempo que retém seu caráter essencializado e monolítico como sistema de dominação. Os antropólogos não podem, então, fazer nada senão reproduzi-la. A crítica avançada torna-se assim o último refúgio da ideia de que o indivíduo é o instrumento de sua cultura. O que também prova que aqueles que ignoram seu próprio funcionalismo estão destinados a repeti-lo – na segunda vez, como farsa.

UTILITA

RISMO

Um povo que concebe a vida exclusivamente como busca da felicidade só pode ser cronicamente infeliz.

COM A QUEDA DE ADÃO (SM

H), FOMOS TODOS AO CHÃO

O castigo foi o crime. Ao desobedecer a Deus para satisfazer seus próprios desejos, ao colocar este amor demasiado a si mesmo acima do amor suficiente a Ele, o homem condenou-se a se tornar escravo de seus próprios anelos carnais insaciáveis: uma criatura limitada e ignorante, abandonada em um mundo meramente material e intratável, para ali labutar, sofrer e por fim morrer. Feito de "cardos e espinhos", resistente a nossos esforços, o mundo, disse Santo Agostinho, "não cumpre o que promete: é um mentiroso e trapaceia". A trapaça consiste na impossibilidade de aplacar nossos desejos libidinosos de bens terrenos, de dominação e de prazer carnal. O homem, portanto, está fadado "a perseguir uma coisa após outra, e nada permanece para sempre com ele [...]. Suas necessidades multiplicam-se a tal ponto que ele não consegue encontrar a única coisa de que precisa, uma natureza simples e imutável".

Mas Deus foi clemente. Deu-nos a Economia. Advinda a época de Adão Smith, a miséria humana havia se transformado na ciência positiva de como nos havermos com nossas eternas insuficiências: como extrair a máxima satisfação possível utilizando meios sempre aquém de nossas necessidades. Tratava-se da mesma antropologia judaico-cristã, só que aburguesada, isto é, dotada de expectativas algo mais animadoras a respeito das oportunidades de investimento propiciadas pelo sofrimento humano. Em um famoso ensaio que delineava o campo desta ciência, Lionel Robbins reconheceu explicitamente que a gênese da Economia era a economia do *Gênesis*: "Fomos expulsos do Paraíso", escreveu ele, "não temos nem a vida eterna nem meios ilimitados de gratificação" – em seu lugar, apenas uma vida de escassez, onde escolher uma coisa boa é privar-se de outra. A verdadeira razão pela qual a Economia é a "ciência desoladora" [*dismal science*][5] é que ela é a ciência da condição humana depois da Queda. E o Homem Econômico que habita a primeira página de (quaisquer) *Princípios Gerais de Economia* não é outro senão – Adão.

5 A expressão teria sido cunhada, para descrever a economia política, por Thomas Carlyle, inspirado, reza a tradição, pelas predições malthusianas de que o crescimento da população, sempre mais acelerado que o dos recursos disponíveis, traria para a humanidade inevitáveis miséria e dificuldades. Outros afirmam entretanto que o alvo de Carlyle eram economistas como John Stuart Mill, e os argumentos antiescravagistas de que a desigualdade das nações devia-se a suas instituições, e não à raça. [N. T.]

A POÉTICA D

CULTURA III

Poder, poder grassando em toda parte,
E os signos cabisbaixos a murchar.
Poder, poder grassando em toda parte,
E nada mais para se pensar.

A corrente obsessão foucaulti-gramsci-nietzscheana com o poder é a encarnação mais recente do incurável funcionalismo da antropologia. Como seus antecedentes estrutural-funcionalistas e utilitaristas, a hegemonização é homogeneização – a dissolução de formas culturais específicas em efeitos instrumentais genéricos. Tudo o que era preciso saber sobre, digamos, as relações jocosas prescritivas – sua "*raison d'être*" *même* – era que contribuíam para a manutenção da ordem social, do mesmo modo que as cerimônias totêmicas ou a magia agrícola organizavam a produção alimentar. Agora, porém, no lugar da "solidariedade social" ou da "vantagem material", o "poder" é o buraco negro intelectual para o qual todo e qualquer conteúdo cultural acaba sendo sugado. Repetidamente fazemos essa barganha idiota com as realidades etnográficas, abrindo mão do que sabemos sobre elas a fim de compreendê-las. Como disse Sartre sobre um certo marxismo vulgar, somos impelidos a tomar o conteúdo real de um pensamento ou ato como mera aparência, e, tendo dissolvido esse particular em um universal (no caso, no interesse econômico), comprazemo-nos em acreditar que reduzimos a aparência à verdade. Max Weber, criticando certas explicações utilitaristas dos fenômenos religiosos, observou que o fato de uma instituição ser relevante para a economia não significa que ela seja economicamente determinada. Mas, se seguirmos Gramsci e Foucault, o atual neofuncionalismo do poder afigura-se ainda mais completo: como se tudo o que pudesse ser relevante para o poder fosse poder.

Assombrosa, então, vem a ser a variedade de coisas que os antropólogos podem agora explicar em termos de poder e resistência, hegemonia e contra-hegemonia. Digo "explicar" porque o argumento consiste inteiramente em categorizar a forma cultural em pauta em termos de dominação, como se isso desse conta dela. Eis aqui alguns exemplos, extraídos dos últimos anos de *American Ethnologist* e *Cultural Anthropology*:

1. Apelidos em Nápoles: "prática discursiva empregada para construir uma representação particular do mundo social, [o ato de conferir apelidos] pode tornar-se um mecanismo para reforçar a hegemonia de grupos nacionalmente do-

minantes sobre grupos locais que ameaçam a reprodução do poder social" [Fora!: não se sabe o que há em um nome, quanto mais em um apelido...].

2. Poesia lírica beduína: esta é contra-hegemônica [Viva!].
3. Moda feminina em La Paz: contra-hegemônica [Viva!].
4. A categorização social de escravos libertos dominicanos como "camponeses": hegemônico [Fora...].
5. O sistema andino de *fiestas* no período colonial: hegemônico.
6. A "espiritualidade" construída das mulheres bengalesas de classe média, tal como expressa em sua dieta e vestimenta: nacionalismo hegemônico e patriarcado.
7. Certos pronomes vietnamitas: hegemônicos.
8. Lamento funerário dos índios Warao, Venezuela: contra-hegemônico.
9. Construção de casas na base do "faça-você-mesmo" por trabalhadores brasileiros: uma prática aparentemente contra-hegemônica que introduz uma hegemonia ainda pior.
10. O humor físico e escatológico dos homens desempregados da classe trabalhadora mexicano-americana: "uma ruptura opositiva na hegemonia alienante da cultura e da sociedade dominantes".
11. Senso comum: "pensamentos e sentimentos de senso comum não necessariamente tranquilizam uma população inquieta, mas podem incitar à rebelião violenta, ainda que contida".
12. O conceito de cultura como totalidade sem falhas e o de sociedade como entidade de fronteiras bem marcadas: ideias hegemônicas que "mascararam efetivamente a miséria humana e abafaram as vozes dissidentes".

"Uma hiperinflação de significância" seria outra maneira de descrever esse novo funcionalismo que traduz o aparentemente trivial no politicamente retumbante por meio de uma retórica que, tipicamente, lança mão de um dicionário de nomes e conceitos modernosos, muitos deles franceses, uma verdadeira *La Ruse*[6] do pós-modernismo. Evidentemente o efeito final, ao invés de amplificar a significância dos apelidos napolitanos ou dos pronomes vietnamitas, trivializa termos como "dominação", "resistência", "colonização", e mesmo "violência" e "poder". Privadas de referência real-política, essas palavras tornam-se puros valores, cheios de som e fúria, que não significam nada... exceto o falante.

6 Jogo de palavras entre *Larousse*, o dicionário, e "*la ruse*", "a manha" ou "a astúcia". [N. T.]

CURSOS PARA OS

NOSSOS TEMPOS

Um colega da Universidade de Chicago, especialista em cultura material, ofereceu um curso sobre o "*blues* de Chicago", sob o título geral de "Estudo intensivo de uma cultura", uma fórmula guarda-chuva usada para cursos de graduação dedicados à apresentação de pesquisas etnográficas recentes. Pensando que, se o *blues* de Chicago é uma cultura, o futebol americano de Michigan também poderia ser uma outra – na qual tenho experiência de pesquisa intensiva –, vi-me provocado a inserir a seguinte nota no quadro de avisos do departamento:

ESTUDO INTENSIVO DE UMA CULTURA: O FUTEBOL DE MICHIGAN
Antropologia 21225
Sábados, de 13:30 às 16:30

Crédito extra pelo dia de ano novo
Professor: Marshall Sahlins
Nível: exclusivamente para estudantes de graduação; limite de 10 alunos.

Devido à impossibilidade da Presença pura, o material do curso consistirá em transmissões de vídeo – consideradas, entretanto, em sua textualidade. Não há pretensão alguma de enunciar uma narrativa-mestra ou totalizada sobre o futebol de Michigan. Quer-se apenas tematizar certas aporias da *Power-I formation* – ou seja, da subjetividade pós-moderna. Os tópicos abordados incluirão: *trash-talking* ou discursos contestados; *tight ends, spread formations* e outras posições de sujeito; pós-Gerry-Fordismo ou sujeito de-centrado; pós-desconstrução e outras celebrações de vitória; e o essencialismo dos capacetes.[7]

Mas não foi essa a graça. O engraçado foi a quantidade de alunos, inclusive pós-graduandos, que levou a coisa a sério e acreditou realmente existir tal curso, enviando-me mensagens de e-mail solicitando a inscrição. Um deles perguntou se eu poderia aceitá-lo como assistente. Quando o período acabou, outros quatro vieram perguntar como tinha sido o curso. Assustador!

7 *Power-I* e *spread formations* são formações ofensivas que dispõem os jogadores em linha, no primeiro caso, paralela, e, no segundo, perpendicular às laterais do campo. *Tight end* é a posição do lateral e *trash talks* são provocações verbais entre jogadores. O crédito extra no ano novo refere-se ao fato de ser este o dia da final do campeonato de futebol universitário americano. [N. T.]

RELEV

ÂNCIA

Não posso falar da Grã-Bretanha, mas, nos Estados Unidos, muitos estudantes de antropologia não têm o menor interesse em outros tempos e lugares. Eles dizem que deveríamos estudar nossos próprios problemas, qualquer outra etnografia sendo, de qualquer modo, impossível, já que não passaria de uma "construção do outro" de nossa parte.

Assim, se conseguirem o que querem e isso se converter em princípio da pesquisa antropológica, daqui a cinquenta anos ninguém vai prestar a menor atenção ao trabalho que eles vêm fazendo agora. Bem, talvez eles tenham sacado alguma coisa.

POLIFONIA NÃ

É CACOFONIA

(para Maurice Bloch)

Malama Meleisea conta ter registrado, da boca de um mesmo *matai* (detentor de título de chefia), duas versões completamente diferentes da história de um certo chefe samoano. Confrontado com as discrepâncias, o *matai* lembrou a Meleisea o fato de que possuía títulos em duas aldeias diferentes, e que, como Malama deveria recordar, ele fizera o primeiro relato em uma aldeia, e o segundo na outra. O que significa, obviamente, que falara da primeira vez como chefe determinado, e na segunda como um chefe rival do primeiro. E o que havia aí de tão inconsistente? Isso faz lembrar a máxima cartesiana sobre ideias claras e distintas – refiro-me, é claro, a uma máxima hocartesiana, que não se deve confundir com as doutrinas essencialistas de Descartes –, a máxima cartesiana de que em Fiji duas afirmações contraditórias não são necessariamente inconsistentes. "Elas parecem contraditórias para nós", disse Hocart, "porque, a menos que tenhamos muita experiência, desconhecemos o ponto de vista a partir do qual cada uma delas é feita".

Mas é improvável que vejamos tão cedo o fim das litanias pós-estruturalistas sobre o caráter contestado e instável da lógica cultural: sobre percepções e significados que são diferentes para homens e mulheres, chefes e comuns, ricos e pobres, jovens e velhos, essa aldeia e aquela, ontem e hoje – como se a diferença fosse necessariamente a mesma coisa que a desordem. Em todo caso, nem tudo na contenda é contestado (o que também prova que estamos aqui para parafrasear Durkheim, não para enterrá-lo). Por polifônica e heteroglóssica que possa ser uma monografia, não se encontra uma voz japonesa em uma etnografia dos índios Sioux. Para que as categorias possam ser contestadas, é preciso haver um sistema comum de inteligibilidade, estendendo-se às bases, meios, modos e tópicos do desacordo. As diferenças em pauta, além disso, implicam alguma relação.

Tanto mais se elas são subversivas, expressando assim os valores e interesses posicionais dos falantes em uma certa ordem sociopolítica. Como disse Cassirer em um outro contexto, "a consciência de uma diferença é a consciência de uma conexão".

A alternativa seria supor que o que as pessoas dizem é arbitrário e aleatório do ponto de vista de sua existência social. Nesse caso, é verdade, não poderia existir nada parecido com o conhecimento antropológico – ou, aliás, com a existência social. Mas se as mulheres de uma comunidade dizem uma coisa sobre um dado evento ou fenômeno, e os homens dizem outra, será que essa diferença não estaria expressando diferenças sociais na construção do gênero – suas posições discrepantes em um certo universo social, bem como sua experiência desse universo? Se for esse o caso, existe uma maneira não contraditória – ousaríamos dizer: totalizante? – de descrever a discrepância. Existe algum sistema nas e das diferenças. Bakhtin não estava imaginando, nem por um segundo, que a presença de vozes dissidentes fosse assistemática. O que ele disse foi que, em combinação com o discurso de autoridade, essa heteroglossia produz um sistema mais complexo.

UDOENTIDADE METAFÍSICA

Algumas graves conclusões foram extraídas do fato de que os antropólogos não conseguem pôr-se de acordo quanto ao que é a "cultura" – a mais séria sendo a de que o conceito de cultura é um artefato de um certo período histórico, logicamente incoerente, e "carregado, quer se queira quer não, de bagagem ideológica e de associações inconscientes peculiares a conjuntos particulares de circunstâncias históricas" (Christopher Herbert). Uma coisa tão ruim como essa, deduz-se, deveria ser descartada o mais rápido possível.

Mas não deveríamos fazer o mesmo com o dinheiro? "Dinheiro" é um conceito totalmente elusivo – até mais difícil de agarrar, penso, que "cultura". Economistas e historiadores da economia não conseguem pôr-se de acordo sobre sua definição. Suas divergências quanto à natureza do dinheiro fazem a coletânea Kroeber-Kluckhohn de definições da cultura parecer de uma unanimidade invejável. E as coisas ficam ainda piores quando se entrevistam os nativos.

Na prática, "dinheiro" é uma noção especiosa como poucas, uma categoria controversa, desprovida de limites ou conteúdos determinados. Ricos e pobres, velhos e jovens, homens e mulheres, clérigos e leigos, poetas e cientistas, psicanalistas e pessoas sãs: todos têm suas próprias e irreconciliáveis opiniões sobre ser o dinheiro bom ou mau, sobre o que ele pode ou não pode comprar, sobre se pode ou não pode trazer felicidade, sobre como se relaciona ao amor, à política, beleza, justiça, amizade, à alma humana e o que mais for.

Muitas pessoas, sobretudo aquelas sem muito dinheiro, afirmam que ele não pode comprar tudo. Em particular, não pode comprar a felicidade: pessoas com 25 milhões, por exemplo, não são perceptivelmente mais felizes que as que têm 24 milhões; e, além disso, os ricos são em geral infelizes. Ainda assim, os ricos têm muitas consolações, como observou Platão – a principal delas sendo presumivelmente seu dinheiro. E, a despeito da fortitude que necessitam os ricos para suportar suas desvantagens (Rex Stout), a maior parte dos filósofos modernos concorda que o dinheiro é melhor que a pobreza – "pelo menos por razões financeiras", como especula Woody Allen. Essa conclusão foi também persuasivamente defendida, em bases empíricas controladas, por Sophie Tucker: "Já fui rica e já fui pobre; ser rica é melhor".

Algumas incertezas epistemológicas profundas aplicam-se, da mesma maneira, ao argumento de que o dinheiro não pode comprar o conhecimento, uma proposição que os custos e resultantes educacionais das universidades privadas americanas tornam extremamente problemática. Um provérbio judaico moderno, todavia, diz que, embora o dinheiro não faça de você um físico, ele pode ajudá-lo a gostar da realidade.

A teologia pecuniária cristã, incidentalmente, é um pesadelo heteroglóssico. A visão do Novo Testamento sobre a conexão entre o mal e o amor pelo dinheiro é bem conhecida, mas há mais do que uma ponta de heresia na paráfrase popular de que "a necessidade de dinheiro é a raiz de todo mal". À observação de Abe Lincoln de que "Deus deve amar os pobres, ou não teria feito tantos deles", H.L. Mencken replicou: "Ele deve amar os ricos, ou não teria dividido tanta mufunfa entre tão poucos deles".

Tudo isso sugere que o dinheiro é uma categoria fluido-prototípica. Sempre sujeito a discursos conflitivos, o conceito de dinheiro está constantemente sendo solapado por uma política da interpretação em que normas hegemônicas são desafiadas por vozes dissidentes. Segue-se que o significado do dinheiro em relação a outras coisas, o valor saussureano da categoria, está sempre mudando. Consideremos os emaranhamentos categoriais entre "dinheiro" e "sexo". Quando dizemos que alguém é bem-arranjado ou bem-dotado, do que estamos falando? As ambiguidades foram sucintamente resumidas por Zsa Zsa Gabor: "O que eu chamo de 'estar com a coisa em cima' não se aplica a mim; o que os outros chamam de 'estar com a coisa em cima', isso sim se aplica".

Obviamente, o conceito de dinheiro, do qual vive a Ciência Econômica, é altamente artificial, historicamente particular e profundamente ideológico. Digo "ideológico" porque a promulgação dessa ficção, da mesma maneira que a promulgação da doutrina essencialista da cultura, tem evidentes efeitos colonizadores. A difusão do conceito de dinheiro é claramente útil às ambições imperialistas do capitalismo ocidental. E, todavia, do mesmo modo que a noção totalizada de "cultura", construída pelos antropólogos, esse "dinheiro" é um fantasma metafísico, fundamental e incuravelmente equívoco. O dinheiro, como a cultura, é uma pseudoentidade. E é fácil separar um tolo de ambas.

CONSCIÊNCIA

A DA CULTURA

A palavra "cultura" tornou-se moeda corrente. Para a presente geração, ela desempenha mais ou menos a mesma tarefa que a outrora desempenhada por "psicologia" ou "*ethos*". Costumávamos falar da "psicologia de Washington (DC)" ou do "*ethos* da universidade"; agora, é "a cultura de Washington" e "a cultura da universidade". Há também "a cultura da fábrica de charutos", "a cultura do vício", "a cultura da adolescência", "a cultura das reuniões antropológicas" etc. Por longo tempo, preocupei-me com esse aparente aviltamento do objeto antropológico. Até que um dia dei-me conta de que, embora todo mundo fale em "economia" e "economias", a Economia continua viva como disciplina. A Sociologia, da mesma maneira, sobreviveu a todos os usos de "social". E, recentemente, deparei-me com o seguinte cartaz no elevador de um hotel: "50 hotéis, 22 países, uma filosofia". E você crê que temos problemas com "cultura"? E a filosofia? Todo mundo tem uma filosofia. Isso não matou a Filosofia...

ORIENT

ALISMO

(dedicado ao *Professor* Gellner)

Em antropologia, há certos problemas para os quais não há Said(a).[8]

8 Entre outros, o de traduzir esse trocadilho: no original *In Anthropology there are some things that are better left un-Said*. O alvo da piada é Edward Said, o célebre ensaísta palestino-americano falecido em 2003. [N. T.]

COMO RESOLVER OS

OBLEMAS MUNDIAIS

Existe uma solução segura para todos os atuais problemas do mundo, e ela cabe em uma só palavra: ateísmo.

A ORIGEM D

DA RELIGIÃO

Kant sustenta que conceitos como os de causa, substância,
 todos ou um, bem como as formas do tempo e do espaço,

consistem em condições *a priori* da experiência. Fazendo a diferença entre perceptos e juízos empíricos, eles transformam os primeiros em descrições objetivas e universais; não "quando o sol brilha sobre a pedra, ela se esquenta", que consiste em um mero juízo subjetivo da percepção, mas antes: "o sol esquenta a pedra", que adiciona o conceito de causa, convertendo a percepção em modo objetivo da experiência. Mas, enquanto pré-requisitos da experiência, os conceitos ou categorias do entendimento não se limitam necessariamente a intuições sensíveis. Pelo contrário, diz Kant, não podemos deixar de projetar as formas conceituais por meio das quais temos experiências para além dos limites de qualquer coisa empírica, e assim conhecer um mundo de ser que, sem ser sensível, partilha as mesmas qualidades experienciais. Assim, "o entendimento por si mesmo adiciona à casa da experiência uma ala muito mais extensa, que ele preenche exclusivamente com seres de pensamento, sem sequer observar que transgrediu os limites de uso legítimo de seus conceitos". Em outras palavras, nada é conhecido que não tenha as propriedades da experiência, mesmo quando seu ser não pode ser percebido. Não é esta a origem da religião? O que chamamos de "espiritual" é apenas uma sensibilidade normal do "real".

A SÍNDROME DO RE

STAURANTE CHINÊS

Por que os ocidentais bem-intencionados andam tão temerosos de que a abertura de um *Colonel Sanders* em Pequim signifique o fim da cultura chinesa – uma fatal americanização? Temos tido restaurantes chineses na América por mais de um século, e isso não nos tornou chineses. Pelo contrário, obrigamos os chineses a inventar o *chop suey*. O que poderia ser mais americano que isso? *French fries*?

ANTROPOLOGIA COMO

O CRÍTICA CULTURAL

Se a antropologia é realmente crítica cultural, bem poderíamos trazer de volta Hobbes e Rousseau, que tinham ao menos consciência de estar inventando um Outro antitético para fins políticos salutares.

ESPERANDO

FOUCAULT

"Um homem de mil máscaras", disse um de seus biógrafos. A que ponto devemos levar a sério o disfarce que assumiu para dizer que o poder emerge no confronto, na guerra, e que essa é uma guerra de todos contra todos? "Quem luta com quem?", perguntou ele. "Todos lutamos uns com os outros" ("Le jeu de Michel Foucault", in *Dits et écrits*, t. 3. Paris: Gallimard, 1994, p. 311). Os críticos e exegetas raramente assinalam a conexão de Foucault com Hobbes, exceto para mencionar sua negação aparentemente radical pelo primeiro, quando disse que a ideia de poder por ele defendida era "exatamente o contrário do que Hobbes tinha pretendido fazer no *Leviatã*"[9]. Devemos abrir mão de nosso fascínio pela soberania, "cortar a cabeça do rei", parar um pouco de prestar atenção nas instituições repressivas do Estado. O poder vem de baixo. Investe-se nas estruturas e clivagens da vida cotidiana, encontra-se onipresente nos regimes cotidianos de saber e verdade. Se, no contrato hobbesiano, os sujeitos constituem o poder, no esquema foucaultiano o poder constitui os sujeitos. De todo modo, o estruturalismo, que Foucault abandonou em favor de um certo senso da perversão poliamorfa, este mesmo estruturalismo nos ensinou que os opostos são coisas similares em todos os aspectos significantes menos um. Assim, quando Foucault fala de uma guerra de todos contra todos e, ato contínuo, alude a um Eu dividido cristão – "... há sempre em cada um de nós algo que luta com outra coisa" (p. 311) –, sentimo-nos tentados a crer que ele e Hobbes tinham mais coisas em comum do que o fato de, com exceção de Hobbes, serem ambos carecas.

9 M. Foucault, *Em defesa da sociedade*, trad. de Maria Ermantina Galvão. São Paulo: Martins Fontes, 2005, pp. 33-34.

A OBJETIVIDADE COM

QUALIDADE SEGUNDA

De acordo com a epistemologia iluminista básica, o conhecimento está objetivamente radicado no interesse – ou seja, no prazer e na dor –, que assim nos fornecem as condições de verdade para as propriedades das coisas. Por que ninguém jamais mencionou que esse empirismo tipo prova-do-pudim faz de todo o conhecimento objetivo um conhecimento das "qualidades segundas", no sentido lockeano? A objetividade dos objetos é relativa a um corpo cuja construção determina o que é prazeroso e doloroso; e, além disso, na medida em que esse corpo é socialmente construído, ele é relativo à ordem cultural. O mesmo se seguiria do princípio óbvio de que é impossível esgotar a descrição empírica do que quer que seja, já que toda coisa pode ser conhecida por suas relações com um número indefinido de outras coisas; donde a objetividade do objeto é sempre seletiva.

É isso que torna traiçoeiro o emprego referencial dos signos, já que tais usos bem podem ser perceptualmente verdadeiros, portanto aparentemente naturais, mas jamais são necessários. Para os franceses, a distinção entre *fleuve* e *rivière* corresponde àquela entre um curso d'água que desemboca no mar e um tributário do primeiro; ela é assim incomensurável com aquela do SAE [Standard American English] entre rio [*river*] e riacho [*stream*], que se refere simplesmente a cursos d'água de diferentes dimensões (Jonathan Culler). E, todavia, o uso francês não se refere a uma diferença que seria menos objetiva apenas por não ser a única possível. Locke dizia que os homens não podem admitir que falam do mundo ociosamente; mas isso não os impede de constituir o mundo variadamente, "segundo os modos, usos e costumes do país". A preocupação dos franceses é com o lado para onde fica o mar. Paris, uma cidade não litorânea, tem uma margem direita e uma esquerda. Talvez seja porque a Inglaterra está logo ali.

MAIS SOBRE O

MATERIALISMO

Daí a contradição com a qual a antropologia vem convivendo há algum tempo, a saber, a simbolicidade englobar a determinação material do simbólico.

ALGUMAS LEIS

DA CIVILIZAÇÃO

PRIMEIRA LEI DA CIVILIZAÇÃO: todos os aeroportos estão em construção.

SEGUNDA LEI DA CIVILIZAÇÃO: estou na fila errada.

TERCEIRA LEI DA CIVILIZAÇÃO: lanches vendidos em sacos plásticos não podem ser abertos, nem com os dentes.

QUARTA LEI DA CIVILIZAÇÃO: o gene humano cuja descoberta é anunciada no *New York Times* – há um por dia, o gene *du jour* – é sempre de algum traço ruim, como esquizofrenia, cleptomania ou pneumonia. Nós não temos bons genes.

QUINTA LEI DA CIVILIZAÇÃO: altos executivos e políticos fracassados sempre renunciam para passar mais tempo com a família.

ANTIRREL

ATIVISMO

O relativismo cultural é, antes de mais nada e sobretudo, um procedimento antropológico interpretativo – ou seja, metodológico. Ele não consiste no argumento moral de que qualquer cultura ou costume é tão bom quanto qualquer outro, se não melhor. O relativismo é simples prescrição de que, para que possam tornar-se inteligíveis, as práticas e ideais de outras pessoas devem ser ressituadas em seus contextos históricos, e compreendidas como valores posicionais no campo de suas próprias relações culturais, antes de serem submetidas a juízos morais e categóricos de nossa própria lavra. A relatividade é a suspensão provisória dos próprios juízos de modo a situar as práticas em pauta na ordem cultural e histórica que as tornou possíveis. Afora isso, não se trata de forma alguma de uma questão de advocacia.

SOCIABILIDADE=

=SIMBOLICIDADE

É curioso que tantas das disposições usualmente atribuídas à natureza humana consistam em condições intrínsecas do discurso simbólico – e possam, sob este aspecto, reivindicar alguma espécie de universalidade sem a necessidade de se recorrer à biologia. Isso é particularmente evidente na sociologia dos "dêiticos" linguísticos: "eu" e "você", "aqui" e "ali", "agora" e "então" etc. A pessoa que usa o pronome "eu" constitui dessa maneira o espaço, o tempo e os objetos (referência) de seu ponto de vista – egotismo, ou até vontade de poder. O interlocutor faz o mesmo, em uma afirmação alternativa de autoridade constitutiva-de-mundo – competição. A mesma alternância, reconhecida como reversibilidade entre o "eu" e o "você" – reciprocidade ou altruísmo. A mútua personitude implicada nessa troca de posições de sujeito – sociabilidade. O discurso simbólico contém em si mesmo os princípios elementares da interação social humana.

TERRORISMO P

PÓS-MODERNO

Um dos mais pungentes aspectos do corrente estado de espírito pós-modernista é a maneira como ele parece lobotomizar alguns de nossos melhores pós-graduandos, sufocando sua criatividade mediante a instilação do medo de vir a cometer alguma conexão estrutural interessante, alguma relação entre práticas culturais, alguma generalização comparativa. O único essencialismo seguro que lhes restou é o de que não existe ordem alguma na cultura.

CAPITA

LISMO I

Marx disse: "o país industrialmente mais desenvolvido mostra ao menos desenvolvido apenas a imagem do futuro deste último". Em boa parte, porém, essa predição ainda seria uma ilustração da máxima de Durkheim de que "uma ciência do futuro carece de objeto".

CAPITA

ISMO II

Nesse mesmo sentido, em um século crescentemente marcado pela indigenização da modernidade, o projeto de Max Weber de comparar as possibilidades abertas ao desenvolvimento capitalista por diferentes ideologias religiosas parece cada vez mais bizarro. Não que seja bizarro falar em organização cosmológica da ação prática, com certeza uma das grandes ideias de Weber. O que parece cada vez mais curioso é o modo como os weberianos se fixaram na questão de por que tal ou qual sociedade teria falhado em desenvolver este *summum bonum* da história humana, o capitalismo – tal como conhecido e amado pelos ocidentais. Em 1988, quando eu estava na China, esse tópico andava criando um certo confucionismo. Escutei um sinólogo americano observar que, durante a dinastia Qing, a China chegara "ah, tão perto" de uma decolagem para o capitalismo. Mas tudo isso é equivalente a indagar por que os povos das terras altas da Nova Guiné não desenvolveram os espetaculares *potlatch* dos Kwakiutl. Eis uma pergunta que poderia bem ser feita por um cientista social kwakiutl, já que, afinal, com suas complexas cerimônias interclânicas de troca de porcos, os melanésios chegaram bem perto. Mais perto do alvo – ou, talvez, exatamente na mosca – acertava a questão dos missionários cristãos sobre como podiam os fijianos, em seu estado natural, deixar de reconhecer o verdadeiro deus. Poderíamos igualmente perguntar por que os cristãos europeus não desenvolveram o canibalismo ritual dos fijianos. Afinal, eles chegaram tão perto.

CAPITALISMO III: *LAISSEZ*

-FAIRE – QUI LES A LAISSÉ?

É preciso não esquecer que a teoria da mais coercitiva e totalizada instituição conhecida pela humanidade, o Estado, põe-no como o corolário de e remédio para uma condição de egoísmo desenfreado – como em Hobbes ou, aliás, Santo Agostinho. A teoria lembra-nos que um enorme sistema de controle social é necessário para manter o *laissez-faire*, o jogo "livre" do interesse próprio, de um Estado-nação capitalista. Pensar de outra maneira seria supor que os cavaleiros feudais que outrora arremetiam pelos campos vestiam suas armaduras e montavam em seus cavalos sozinhos.

CÚMPLICES DA VIOLÊNCIA

E DOMINAÇÃO OCIDENTAIS

Somos advertidos – por Akhil Gupta e James Ferguson, por exemplo – de que, ao celebrar a criatividade histórica dos povos indígenas em face da globalização, ignoramos a tirania do sistema mundial e assim tornamo-nos cúmplices da dominação ocidental. Por outro lado, é claro que, quando nos referimos à hegemonia sistemática do imperialismo, ignoramos as lutas dos povos por sua autonomia cultural e assim tornamo-nos cúmplices da dominação ocidental.

O dilema é agravado pelo fato de que tanto hegemonia como resistência são exigidas pela presente política da interpretação antropológica. Desde Gramsci, o uso da noção de hegemonia tem implicado a descoberta equivalente e contrária da resistência dos oprimidos. O antropólogo que, portanto,

reconta a narrativa-mestra da dominação ocidental provavelmente a subverterá pela invocação das "armas dos fracos", de "reapropriações ocultas" ou de algum discurso de desafio cultural desse gênero. De qualquer modo, esta é uma estratégia infalível, já que as duas caracterizações, dominação e resistência, são contraditórias e, nessa ou naquela combinação, mostram-se capazes de cobrir toda e qualquer eventualidade histórica.

DESENVOLVIMEN

TO ECONÔMICO I

Países em desenvolvimento, com a ajuda americana, nunca se desenvolvem.

DESENVOLVIME

O ECONÔMICO II

O desenvolvimento econômico é apropriadamente definido como o enriquecimento material do modo de vida do povo. A cultura desse povo é o objeto do desenvolvimento, não seu impedimento.

AS DISCIPLINAS D

DO COLONIALISMO

Fala-se muito nas disciplinas impostas pelo colonialismo – etnicização, sanitarização, educação, taxação – como se esta história dos colonizadores fosse também a história dos colonizados. Na experiência recente europeia, as coisas não se deram deste modo. Os Estados socialistas da Europa oriental tornaram compulsório o estudo de Marx. Ainda recentemente, em 1992, Frank Manuel podia escrever: "é difícil avaliar a relevância do estudo de Marx, ali onde ele foi imposto". O Estado externo e a disciplina colonial são facas de dois gumes. Uma vez nas mãos do povo, tudo pode acontecer.

CULTURA DA RESISTÊNCIA E

E RESISTÊNCIA DA CULTURA

Hoje, fala-se muito em "culturas da resistência", embora fosse claramente mais acurado descrever o que vem acontecendo a diversas vítimas do imperialismo ocidental como *resistência da cultura*. Além disso, essa resistência vem-se dando há muito tempo, desde antes e de forma independente do imperialismo ocidental. A subversão cultural, ao envolver a integração do estrangeiro nas categorias e relações do familiar – uma modificação nos contextos culturais das formas e forças externas que modifica também seus valores –, é algo consubstancial às relações interculturais. Como modo de diferenciação inerente à ação humana, esse tipo de resistência cultural é mais inclusivo que qualquer oposição deliberada, já que não requer uma política autoconsciente de distinção cultural, nem se restringiu historicamente às reações dos povos colonialmente oprimidos. (Recorde-se a genealogia teórica que começa com a ordenação ruth-benedictina das difusões boasianas de "traços culturais" em "padrões de cultura", passa pelas determinações batesonianas da "cismogênese" nos contatos culturais, para chegar à similar dialética de diferenciação complementar nas *Mitológicas* de Lévi-Strauss.) Mas, deixando de lado a mudança cultural pré-colonial, mesmo as vítimas das modernas relações de dependência agem no mundo como seres sócio-históricos. Para parafrasear Freud falando de Marx, elas não se tornam subitamente conscientes de quem são quando recebem seu primeiro contra-cheque. Ao contrário, as forças da hegemonia capitalista, ao serem mediadas pelo *habitus* de formas específicas de vida, realizam-se segundo os esquemas de universais culturais alienígenas.

A INDIGENIZAÇÃO

DA MODERNIDADE

Os peritos da e na globalização – tanto na academia quanto na economia – que agora nos conclamam a ir além da observação de que as sociedades locais indigenizam a ordem global são os mesmos que, antes, diziam-nos para ignorar essa possibilidade.

O QUE ACONTECEU COM

CAPITALISMO TARDIO"?

Virou neoliberalismo.

MAN THE

HUNTER

Ao longo de toda a região circumpolar, ainda vivem caçadores e coletores – muitos deles, aliás, caçando e coletando. Na América do Norte, em particular, eles puseram tecnologias industriais – *snowmobiles*, rádios de ondas curtas, barcos a motor, armas modernas, equipamento de camping e até mesmo aviões – a serviço de relações e objetivos "paleolíticos" tradicionais. Em 1966, entretanto, os antropólogos presentes no famoso colóquio Man the Hunter [O homem, um caçador], em Chicago, pensavam estar discutindo um estilo de vida obsoleto. Alguns anos mais tarde, Richard Lee, um dos participantes originais, comentou em outro desses colóquios: "A caça é real. A caça existe e existem economias de caça e coleta e, para mim, esse é um fato novo do mundo moderno, pois, há doze anos, em Man the Hunter, estávamos escrevendo um obituário dos caçadores". Na verdade, o título do colóquio de 1966 soa hoje tão anacrônico quanto seu conteúdo. Hoje seria impossível realizar um colóquio chamado *Man* the Hunter. Ele teria de ser rebatizado algo como "*The Journal of the Royal Anthropological Institute*, the Hunter".[10]

10 Referência à célebre revista do RAI, que, após 93 anos intitulando-se *Man*, retornou ao título original (*JRAI*) em 1995. [N. T.]

O RETORNO DO S

SUPERORGÂNICO

Pós-estruturalismo, pós-modernismo e outros "estudos posterológicos" (Jacqueline Mraz) desembocam por vezes em um sentimento de coerção cultural, em uma narrativa de hegemonia tão totalizadora, que somos retransportados à teoria superorgânica da cultura promovida por Leslie White nos anos 1940 e 1950 (como seu estudante, eu a conhecia bem). Na visão de White, a cultura era uma ordem independente, autodinâmica, da qual a ação humana era meramente a expressão. O indivíduo, escreveu White, é, desse ponto de vista, como uma aeronave sem piloto, controlada do solo por ondas de rádio. E, no entanto, basta substituir "cultura" por "discurso" na seguinte passagem do atualíssimo Foucault para sermos levados de volta, ao obsoleto White: "Em suma, trata-se de privar o sujeito (ou seu substituto) de seu papel de originador, e de analisá-lo como uma função variável e complexa do discurso". ("Os estudos pós-estruturalistas", escreveu recentemente M.H. Abrams, "quaisquer que sejam suas discordâncias, coincidem em abstrair os textos literários do mundo humano e em ressituá-los em um estado não humano como tal – especificamente, no funcionamento da linguagem – ou em forças que operam no interior de um discurso preexistente.") De fato, um bom número de antropólogos, nos últimos anos, tem alegremente trocado a "cultura" pelo "discurso" foucaultiano, buzinando, entrementes, seu desdém pelo caráter "reificado", "essencializado" e "totalizado" do velho conceito de cultura. Parece-me uma justa barganha. Na qualidade de "processo pelo qual a realidade social acede à existência", ou de "sistema" que "determina o que pode ser dito e pensado" – como recentemente posto por um foucaultiano antropológico –, esse "discurso" soa pelo menos tão terrorista quanto a culturologia dos velhos tempos. Ao ditar, seletivamente, o que pode ser percebido, imaginado ou exprimido, o "discurso" é o novo superorgânico – sob uma forma ainda mais coativa, como efeito de um "poder" que está em toda parte, em todas as instituições e relações cotidianas.

Me pergunto se White e Kroeber poderiam ter se safado por mais tempo com suas destrambelhadas teorias se houvessem desenvolvido uma visão das pessoas como vítimas morais do superorgânico.

BALEIAS BRANCAS MORTAS

A LEVIATANOLOGIA À SUBJETOLOGIA E VICE-VERSA

A oposição entre o Homem e a Cidade, entre o interesse privado e o da pólis, já está presente nos textos clássicos: em vários diálogos de Platão, assim como em muitas passagens de Tucídides. Em Tucídides, essa oposição se ancora, notadamente, em uma natureza humana egoísta, movida por anseios de ganho e glória. O dualismo sociológico simplista desta contraposição do indivíduo à sociedade, o sentimento de uma relação transparente e imediata entre eles, estava igualmente destinado a uma brilhante carreira histórica. Indivíduos em particular e sociedade em geral confrontavam um ao outro em um espaço social vazio, como se não existissem instituições, valores e relações de diversas naturezas que, ao mesmo tempo, os diferenciassem e conectassem. Esta antiga simplicidade conserva-se nas mais recentes e mais avançadas noções de coação societária, como a interpelação althusseriana ou o poder foucaultiano. É certo que ambos falam em estruturas mediadoras, mas apenas para atribuir-lhes a singular função de transmitir para os corpos dos indivíduos a ordem maior da sociedade.

Ao longo do caminho para a modernidade, conforme este atravessava a antiga cristandade, o clássico dualismo indivíduo/sociedade veio absorvendo uma pesada carga moral, tornando o conflito praticamente irreconciliável. Péricles pôde argumentar razoavelmente que os indivíduos seriam mais capazes de atingir sua própria felicidade submetendo-se ao bem público. Na versão cristã, porém, a cidade terrena já não era Atenas, mas a residência de homens intrinsecamente pecadores; daí o valor positivo absoluto da sociedade enquanto instrumento providencial de repressão. Para Santo Agostinho, o controle social de corpos desregrados – da criança pelo pai, bem como do cidadão pelo Estado – era uma condição necessária da sobrevivência humana nesse mundo desprezível de hedonistas adâmicos. De outro modo, os homens se devorariam uns aos outros como animais. Para uma tradução mítico-filosófica da mesma ideia, ver Hobbes. Para uma versão sociológica moderna, ver Durkheim. O homem é duplo, disse este, duplo e dividido: composto de um Eu intelectual-e-moral, recebido da sociedade, que luta para manter sob controle um Eu egocêntrico e sensual essencialmente pré-humano. Mas Durkheim não é realmente moderno. Essa ideia do homem como meio anjo, meio besta, é arcaica.

Moderna é a filosofia mais imperialista que tenta englobar um dos lados do antigo dualismo no outro: subsumindo o indivíduo na sociedade, ou então supondo a sociedade no individual; de tal modo que, no fim, apenas um dos termos do par mantém qualquer existência independente. Ou a sociedade não passa da soma das relações entre indivíduos empreendedores, como prefeririam Jeremy Bentham e Margaret Thatcher; ou os indivíduos não são mais que personificações da ordem cultural e social maior, como em certas teorias progressistas da construção da identidade pelo poder, que equivalem à morte do sujeito. O desenvolvimento do capitalismo e de seus descontentes conferiu ao antigo dualismo antropológico mais uma outra torção, especificamente política e, sob certos aspectos, dialética. Direita e Esquerda se empurraram uma à outra para as teses extremas do determinismo individual e do determinismo cultural. À direita, a teoria da escolha racional e outras modalidades de Individualismo Radical desse gênero: todos satisfeitos em resolver as totalidades sociais nos projetos de indivíduos autoconstruídos. À esquerda, os conceitos do superorgânico cultural e outras variedades de Leviatanologia: noções draconianas de Behemoths culturais autônomos com poderes para ajustar a seus próprios propósitos os sujeitos individuais.

O Individualismo Radical é a autoconsciência da vida desperta da sociedade burguesa; a Leviatanologia é o pesadelo recorrente de suas noites. Supondo que os valores em realidade originados na sociedade são, como meios e fins da ação utilitária, atributos do sujeito, o Individualismo Radical suprime o social e o cultural enquanto tais – ontologicamente, como diz Louis Dumont. A Leviatanologia, por outro lado, dispensa o sujeito enquanto tal, já que ele ou ela são mera personificação das categorias da totalidade sociocultural e suas ações são realizações das leis do movimento próprias desta última. A célebre ideologia liberal da Mão Invisível já abrigava essas antropologias antitéticas, ao fazer reverência ao grande mecanismo social objetivo que, misteriosamente, transformava o bem que as pessoas faziam a si mesmas em bem-estar da nação. O *laissez-faire* incluía assim sua negação. E se Adam Smith & Cia. podiam defender a liberdade dos indivíduos de se entregarem à sua propensidade natural à troca e ao escambo, supondo que disso decorria naturalmente o bem social, a crítica do capitalismo respondeu tornando visível essa Grande Abóbora[11] autossubsistente, conferindo-lhe

11 Trata-se de uma alusão ao Great Pumpkin de Linus, dos Peanuts (a turma de Charlie Brown), quadrinhos de Charles M. Schulz. Linus acredita que a Grande Abóbora aparece nas noites do Dia das Bruxas e distribui presentes para as crianças bem-comportadas. [N. T.]

o poder de englobar e conjugar o comportamento dos indivíduos de um modo que estaria além do seu poder e controle desses últimos. Como diz Marx, no prefácio de *O capital*:

> Aqui os indivíduos aparecem apenas como personificação de categorias econômicas, encarnações de relações de classe e relações de interesse particulares. Menos que qualquer outro, o meu ponto de vista, que trata o desenvolvimento da formação econômica da sociedade como um processo histórico-natural, torna o indivíduo responsável por relações das quais ele é, socialmente, uma criatura, por mais que queira colocar-se subjetivamente acima delas.

No início do século XX, a antropologia "superorgânica" de Kroeber e White de fato concebia um grande monstrengo cultural, que trazia as pessoas como que aprisionadas em sua barriga enquanto seguia seu próprio caminho. "Contempla agora o Behemoth, a Grande Besta... Ele reina sobre todos os filhos da soberba." Eis aqui uma fonte primária daquela ominosa ideia da cultura como prescrição autoritária das condutas: especialmente das condutas de fracasso, como a chamada cultura da pobreza ou a "cultura tradicional" que impediria os "povos subdesenvolvidos" de serem felizes como nós. Mas mesmo os discursos leviatanológicos avançados de Althusser e Foucault conservavam traços do terrível ancestral, aplicando, em suas construções de uma subjetividade sem agência, a noção de uma repressão que em tudo penetra, sem contradição.

Foucault sobretudo. A mais impressionante transubstanciação daquele velho espírito santo, a Mão Invisível, em uma Cultura hipercontroladora é a visão pancrática foucaultiana de poder. Aqui encontramos um poder tão irresistível como ubíquo, um poder que emana de toda parte e invade a todos, saturando as coisas, relações e instituições cotidianas da existência humana, e que se transmite assim para os corpos, percepções, saberes e disposições das pessoas. O efeito teórico dessa visão, de acordo com muitos de seus críticos, não é uma mera "superestimação da eficácia do poder disciplinar", mas uma "compreensão empobrecida do indivíduo, incapaz de dar conta de experiências que fujam à alçada do corpo 'dócil'" (L. McNay). Foucault nega, corretamente, ser um estruturalista, pois tudo o que resta do estruturalismo em sua problemática é a evitação da agência humana. Sua posição é de fato "pós-estruturalista", na medida em que dissolve teoricamente as estruturas – famílias, escolas, hospitais, filantropias, tecnologias etc. – em seus efeitos instrumentais de disciplina e controle. Esse é o clássico banho de ácido da sabedoria funcionalista, reduzindo a atual substância de uma instituição a seus propósitos e consequências conjeturais. Também clássica é a efetiva resolução do problema do dualismo simples sociedade/indivíduo. De fato, tudo termina no retorno do indivíduo recalcado – Subjetologia.

Pois com essa dissolução das ordens culturais em efeitos de sujeição-dominação, a única coisa deixada de pé, a única coisa que substantivamente resta para a análise, é o sujeito em quem essas totalidades foram interpoladas – ou o sujeito assim interpelado. O efeito é de fato irônico, pois o projeto original da Leviatanologia, na medida em que se opunha ao Individualismo Radical, era reduzir o sujeito individual à nulidade. Mas, no final das contas, uma vez que todas as estruturas foram apagadas como tais em favor de seus efeitos instrumentais, o sujeito é a única coisa que conserva qualquer atributo de agência ou eficácia. Donde o retorno daquela mesma metafísica do sujeito que a análise tinha pretendido negar. Subitamente, as páginas das revistas da moda veem-se abarrotadas de todos os tipos de sujeitos, eus e subjetividades, e, desse modo, repletas de uma antropologia em forma de alegoria, contando histórias de formas e forças culturais em termos de pessoas coletivas abstratas. No lugar das estruturas, assiste-se à entrada em cena de todo um novo elenco de personagens, estrelando sujeitos burgueses, sujeitos nacionais, sujeitos pós-modernos, sujeitos coloniais, sujeitos pós-coloniais, sujeitos africanos pós-coloniais, sem esquecer o "facilmente reconhecível sujeito fendido do Estado liberal moderno". E há também os eus cartesianos e os eus melanésios, os eus neoliberais e os eus subalternos, e mais toda uma população de subjetividades: globalizadas, hibridizadas, crioulizadas, modernizadas, mercantilizadas e etceterizadas. Admirável mundo novo, este habitado por tais pessoas. Assim como as antigas mitologias podiam representar forças cósmicas sob vestes antropomórficas, agora, nas páginas dos periódicos científicos, essas personificações abstratas de macrocosmos culturais pavoneiam-se e encrespam-se no palco enquanto... enquanto fazem o quê, mesmo?

Bem, se não se pode dizer que façam exatamente nada, pelo menos não parecem fazer muito. Ocasionalmente, surgem alegações exageradas: como aquelas feitas por um certo "sujeito socialista tardio", que, segundo um artigo publicado em *Public Culture*, foi a "fonte" e a "lógica interna" do colapso da União Soviética. Ou promessas curiosas, como as de certos praticantes da "teoria social progressista", preocupados "com o estatuto e formulação do sujeito, com as implicações de uma teoria do sujeito para uma teoria da democracia". Mas é difícil ver como tal preocupação com o sujeito pode compensar as formações e dinâmicas históricas que foram assim antropomorfizadas. Tudo o que conseguimos são sujeitos pós-coloniais que resistem (mas de que maneira exatamente?); sujeitos coloniais disciplinados e reprimidos (de novo, de que modo?); sujeitos burgueses que são alienados ou fendidos (como eu e você?), ou que então mercantilizam (o quê?) ou consomem (o quê?); sujeitos nacionais que identificam-se (com o quê?), e outras pessoas igualmente tautológicas. Se uma análise histórica ou cultural fosse realmente o propósito, seria necessário retornar às condições estruturais que efetivamente se perderam na sua tradução em termos subjetivos.

A invocação litúrgica das "posições múltiplas de sujeito" tampouco ajuda muito. Ou a multiplicidade resolve-se em puro individualismo, já que em princípio há tantas posições de sujeito quanto há indivíduos; ou ela replica a Leviatanologia em geral, gerando um cardume de baleias, uma comunidade de pessoas essencializadas, coletivas, em lugar de uma só, única e gigantesca. De um modo ou de outro, a Leviatanologia desemboca na tautologia com que o Individualismo Radical começou: com um sujeito abstrato e ideal, possuidor de todo o reino dos fins sociais sob a forma de seus próprios fins privados. Nesse caso teórico, todos os males que se supõem pertencer à cultura – essencialização, totalização e outros da mesma laia – também acabam transferidos para esse pobre coitado.

CONTINUAÇÃO D

A SUBJETOLOGIA

O segredo é que Cultura e Personalidade estão de volta. A "subjetividade" não é nada de novo. Recordem-se os *Padrões de cultura* de Ruth Benedict, padrões que se revelam como disposições coletivo-subjetivas (que, tão essencializadas quanto as subjetividades mais recentes, precisam igualmente de psicanalistas lacanianos). *O crisântemo e a espada*, nesse aspecto, é um esquecido clássico da Subjetologia. E o que dizer do velho e bom "caráter nacional"?

A antítese, parece, é sempre preservada em sua negação. Leviatanologia e Subjetologia encontram-se em eterna oscilação. Para parafrasear Marx, a culturologia nunca foi além da antítese entre ela mesma e o individualismo, e este último a acompanhará, como sua negação legítima, até o bendito fim.

HISTÓRIA

PASSADA

"Será que Tucídides", perguntava-se o classicista Simon Hornblower, "imaginou um dia que chegaria um tempo em que os seres humanos civilizados não falariam o que chamamos de grego clássico?" Já que ele, claramente, não o fez, os antropólogos sempre se dispuseram a apoiar Heródoto como o "pai da história". Heródoto recontava todos os contos, longos e curtos, que lhe narravam os "bárbaros"; uma inclinação etnográfica que atraiu os antropólogos, mas levou os historiadores menos crédulos a considerá-lo, antes, o "pai das mentiras". Adicione-se à comparação a crença de Tucídides em uma natureza humana interesseira e o racional-realismo da política IR [*Internacional Relations*] e ver-se-á por que ele tem sido o modelo para a historiografia ocidental desde então. Assim, se a antropologia foi por demasiado tempo o estudo dos "povos sem história", a história andou, por mais tempo ainda, estudando "povos sem cultura".

Felizmente, toda essa história passada é também uma antropologia (ultra)passada – se não vice-versa.

TÉÉÉÉ

ÉDIO!

Thomas Kuhn e outros perguntaram-se se existiriam, nas ciências sociais, paradigmas e mudanças de paradigma como nas ciências naturais. Ninguém chegou a conclusão alguma, pois alguns sustentam que tampouco as ciências naturais têm essas coisas, enquanto outros afirmam que nas ciências sociais não se consegue distinguir um paradigma de uma moda. Ainda assim, considerando-se as eras sucessivas de explicação funcional das formas culturais – primeiro, por seus supostos efeitos na promoção da solidariedade social; depois, por sua utilidade econômica; e, ultimamente, como modos do poder hegemônico – algo como um movimento kuhniano parece afinal existir nas ciências sociais. Mas subsiste pelo menos um contraste importante com as ciências naturais.

Nas ciências sociais, a pressão para a transição de um regime teórico a outro – digamos, dos benefícios econômicos aos efeitos de poder – não aparenta derivar do acúmulo de anomalias no paradigma evanescente, como é o caso nas ciências naturais. Os paradigmas são superados não porque explicam cada vez menos, mas porque explicam cada vez mais – até que, subitamente, estão explicando praticamente tudo. Há um efeito inflacionário nos paradigmas das ciências sociais, que os desvaloriza rapidamente. Veja-se o modo como o "poder" explica qualquer coisa, do pronome da segunda pessoa do plural vietnamita até a arquitetura improvisada dos trabalhadores brasileiros, o cristianismo à africana ou o sumô japonês. Mas então, se o paradigma se torna cada vez menos atraente, não é realmente por razões lógicas ou metodológicas padrão. Não é porque, ao explicar tudo, o poder não explica nada, ou porque diferenças estão sendo atribuídas a similaridades, ou porque conteúdos estão sendo dissolvidos em seus (presumidos) efeitos. É porque tudo acaba dando na mesma: tudo é poder. Os paradigmas nas ciências sociais mudam porque, como sua capacidade de persuasão é, na verdade, mais política que empírica, eles se transformam em lugares comuns universais. As pessoas se cansam. Elas ficam entediadas.

Na verdade, o poder é um desses paradigmas já gastos. Tééééédio!! Na virada do milênio, o novo eterno paradigma *du jour* é a política da identidade. Acabei de saber que pescar truta é um modo pelo qual a burguesia inglesa do final do século XIX construiu uma identidade nacional. "No século XIX, a pesca, assim como a guerra, era a continuação da política por outros meios", escreve o antropólogo Richard Washabaugh em um livro chamado *Deep Trout* [Truta profunda]. (Será uma brincadeira com Clifford Geertz, por assim dizer, ou com "Garganta profunda" [*Deep Throat*]?)[12] Bem, a ideia ganha pelo menos alguma credibilidade diante do fato de que a pesca é, sem dúvida, o mais entediante esporte que se pode assistir na televisão. Em breve: a política da identidade no boliche, nos X-games, nos campeonatos de sinuca femininos e nas corridas de Nascar.

12 A referência a Geertz alude ao célebre artigo "Deep Play", de 1972, sobre a briga de galos em Bali. [N. T.]

DUPLA ID

ENTIDADE

Aqueles que falam sem parar em política da identidade frequentemente a praticam dessa mesma maneira. (Você sabe o que quero dizer.)

CONHECE-TE

A TI MESMO

Os antropólogos vivem geralmente nas sociedades mais capitalistas e mais mercantilizadas do mundo. Como os demais cientistas humanos, incluindo os *cult studs*,[13] nos dizem que o capitalismo e a mercantilização são forças-e-discursos hegemônicos que escravizam as pessoas a ontologias ou regimes de verdade particulares (notadamente,

13 Ver nota p. 18, *supra*. [N. T.]

àqueles que dissolvem-nas, junto com os objetivos de sua existência, em valores de troca). Mas os antropólogos, vivendo sob o pior desses regimes, de fato experimentam-se como não livres culturalmente? E como poderiam sequer conceber, para não dizer experimentar, diferenças culturais e a alteridade dos outros? Supõe-se que a hegemonia determine não apenas o que se pensa mas também o que não se pode pensar. Isso faz da antropologia uma contradição performativa da mais recente teoria cultural.

Existe uma curiosa espécie de pássaro acadêmico conhecida por voar em círculos hermenêuticos cada vez menores, até que...

A ECONOMIA POLÍTIC

A DAS HUMANIDADES

Os antropólogos se converteram na classe operária do movimento dos *Cultural Studies.* Relegados, na divisão do trabalho acadêmico, ao estatuto de proletas da etnografia, são condenados a longos dias, meses e anos de trabalho (de campo) sujo e desconfortável.[14] Com as mentes embrutecidas de tanto laborar sobre realidades culturais renitentes, deixam a superior teoria para os professores de letras. Esses *cult studs* são a classe pensante, os *literati* emancipados (e emancipadores), enquanto os antropólogos contentam-se em ser os clientes subalternos de seus discursos hegemônicos.

Antropólogos de todo o mundo, uni-vos...

14 O rótulo *Humanities*, referindo-se tradicionalmente ao estudo da gramática, retórica, poesia, e sobretudo dos clássicos gregos e latinos, designa, especialmente nos Estados Unidos, o conjunto das disciplinas que, no Brasil, geralmente reunimos nos campos das letras e da filosofia. [N. T.]

UM CERTO TIP

O DE IMPÉRIO

Reanimando os atenienses depois de um segundo ano de guerra contra os espartanos, o segundo ano da guerra do Peloponeso, Péricles advertiu seus compatriotas de que encontravam-se em risco não apenas de perder o império, mas de sofrer as "animosidades incorridas durante seu exercício". "Porque o que vocês exercem", revelou-lhes, "é, para falar sem rebuços, uma tirania. Talvez tenha sido errado estabelecê-la, mas agora seria perigoso abrir mão dela". A tirania no exterior foi a obra da primeira e (diriam alguns) maior democracia da história. Mas, afinal, o mesmo tipo de contradição entre liberdade e sujeição habitava a política interna ateniense, em que aos imigrantes, aos escravos e seus descendentes, bem como às mulheres, eram negados muitos dos privilégios democráticos usufruídos pela minoria da população, os cidadãos plenos, homens.

Os atenienses desenvolveram um tipo peculiar de império – distintivamente disposto a fazer fermentar uma mistura volátil de atração e humilhação na população por ele dominada. Ele não era como o império colonial europeu dos tempos modernos, que impunha fisicamente seu próprio Estado a outros territórios e sociedades. Obtidos por invasão e mantidos por ocupação, tais Estados imperiais eram de fato soberanos sobre os povos sujeitados, governando-os com todos os meios necessários de administração, regulação e compulsão. Mas o império ateniense consistia em uma dominação sem administração. De várias maneiras, tratava-se de um império de signos – signos de poder: magnificentes, draconianos, ou ambas as coisas simultaneamente – que reduzia outros Estados, mais ou menos voluntariamente, à submissão, talvez para a própria vantagem e proteção destes, mas certamente sob pena de destruição. Atenas não exercia seu governo sobre outros diretamente, mas, em toda parte, podia intervir na política local, muitas vezes pela força ou por demonstrações de força, para criar democracias fantoche feitas à sua imagem e a ela obedientes. O imperialismo como missão democrática. Muitas das cidades sob tributo eram nominalmente "aliadas", culturalmente ligadas a Atenas por uma herança comum (como os gregos da Jônia), e politicamente jungidas em uma Liga na qual ela era o *hegemon*. Controlando as rotas marítimas e os recursos do comércio, o império era condição política do grande empreendimento comercial que fez de Atenas a mais rica e populosa cidade-estado do mundo helênico. Em troca, a riqueza que os atenienses drenavam do império foi destinada às exibições de alta cultura e força bruta pelas quais eles o mantinham sob controle.

O maravilhoso e o criminoso: um império de dominação sem administração opera em grande parte por meio de efeitos de demonstração de seu poder. Por outro lado, Atenas era um espetáculo de cultura que funcionava – para adotar uma fórmula hobbesiana da governança – "para mantê-los todos em assombro". Tal era a política dessa glória que foi a Grécia: a magnificência de sua arquitetura e arte, o brilho de seu teatro, suas procissões e cerimônias esplandecentes, a Academia e a Ágora, o ginásio e o simpósio: "Nossa cidade", vangloriava-se Isócrates, "é uma festa para os que vêm visitá-la". Cidades súditas, notadamente, visitavam-na, com seus tributos anuais, por ocasião do principal festival, as Dionisíacas, que era também a alta temporada teatral. Mesmo aqueles que nunca tinham visto Atenas podiam conhecer sua superioridade pela reputação de seus escritores e filósofos, de seus políticos e de seus atletas. Quase inevitavelmente, então, seu maior inimigo, a oligárquica Esparta, viria opor-se a ela por meio de uma estratégia de negação cultural: adotando um fundamentalismo material e um moralismo puritano que recusava os valores que Atenas entendia como civilização. Uma mera coleção de aldeias antiquadas, Esparta, comentou Tucídides, não poderia deixar consignada sua fama nos parcos restos que legaria à posteridade; ao passo que as ruínas de Atenas fariam, por muito tempo, seu poder parecer o dobro do que efetivamente fora. Por outro lado, os que não se maravilhavam com a glória ateniense, que não admitiam sua superioridade ou se revoltavam contra ela, sentiriam o peso de sua espada – outra vez, a título de demonstração.

No império dos signos, a força é também um signo de força, talvez o mais efetivo, senão sempre o mais econômico, que almeja induzir o medo e a obediência de muitos fazendo de poucos um exemplo brutal. Assim argumentava o belicoso Cleonte, chamando os atenienses a responder à revolta da cidade aliada de Mitilene com o extermínio de seus cidadãos. "Punam-nos como merecem", ele disse, "e ensinem a nossos aliados por meio de um exemplo inolvidável que a pena para a rebelião é a morte." Neste caso particular, o contra-argumento (apelando ao mesmo efeito exemplar) de que seria pouco sábio matar pessoas comuns, inocentes, e que eram em toda parte os naturais aliados democráticos de Atenas, limitou o massacre aos mil e tantos aristocratas de Mitilene considerados responsáveis. Mas, no famoso caso de Melos, uma colônia espartana que se recusava a submeter-se aos atenienses, oferecendo em lugar disso a se manter neutra e amigável, o resultado foi bem menos afortunado. Sua amizade, disseram-lhes os atenienses, seria apenas "para nossos súditos um argumento de nossa fraqueza". Corria o décimo sexto ano da guerra do Peloponeso, tendo passado um bom tempo desde a revolta de Mitilene, e as demonstrações do poderio e decisão de Atenas vinham adquirindo um valor estratégico cada vez maior. Agora, portanto, ao dar um ultimato a Melos, os atenienses estavam efetivamente dizendo: ou vocês estão conosco, ou estão contra nós. Se os Estados mantêm sua independência, significa que são fortes, e se "não os molestamos é porque temos receio; assim, além de estender nosso império, aumentamos nossa segurança por meio de sua sujeição". Contando com a justiça de sua causa e com a fútil esperança de que os espartanos ou os deuses a salvariam, Melos recusou-se a render-se, e foi destruída. Todos os homens foram mortos; todas as mulheres e crianças, vendidas como escravas. Não que eles não houvessem sido avisados da vontade de poder de Atenas. "Acreditamos, quanto aos deuses", disseram-lhes os atenienses, "e quanto aos homens, sabemos que eles, por uma lei necessária de sua natureza, exercem seu domínio sempre que possível".

Assim movidos por um desejo de mais e mais poder, os atenienses, no final, ultrapassaram a si mesmos, e perderam tudo. Tinham chegado ao ponto em que, aparentemente, se não se expandissem, entrariam em colapso. "Não podemos fixar o limite exato em que deve se deter nosso império; alcançamos uma posição na qual não podemos contentar-nos com o que temos, mas precisamos planejar como estendê-lo, pois, se cessamos de dominar outros, nos arriscaremos a sermos nós mesmos dominados." Assim falou Alcebíades, obtendo a aprovação da assembleia ateniense para a grandiosa campanha siciliana, que acabou em um desastre completo, e colocou o império no rumo do declínio e da derrota. Mas, já no começo, cinquenta anos antes da guerra do Peloponeso, quando os atenienses, ao vencer a ameaça persa, descobriram seu próprio destino como poder marítimo, eles tinham posto em movimento uma geopolítica de expansão que era quase uma fórmula para a perda de controle. O domínio crescente dos mares implicava o desenvolvimento do poderio comercial que proveria o dinheiro, o material e os recursos humanos necessários; assim como, inversamente, o comércio crescente implicava o desenvolvimento do poderio marítimo necessário para garanti-lo. A Atenas democrática tornou-se um poder predador. E, no entanto, sua população e negócios florescentes logo tornaram-na dependente de importações críticas de energia buscada em terras bárbaras (i.e., não gregas) situadas nos limites de sua força militar: os ricos grãos da Sicília, Egito, e Crimeia distantes. Situada no centro de uma esfera de dominação que se expandia em tantas direções, os interesses, custos e perigos atenienses estavam todos sujeitos a uma multiplicação geográfica da ordem do quadrado do raio de uma circunferência em expansão multiplicada por 3,14159. Para enfrentar suas dificuldades, os atenienses podiam pressionar seus confrades gregos, convertendo aliados em pagadores de tributo, ou encontrar novas terras bárbaras para conquistar. Em qualquer dos casos, o império que produzia o bem-estar em sua terra natal espalhava humilhação e ressentimento no exterior. Presa no ciclo vicioso de expansão e repressão, Atenas podia ser em geral detestada na mesma medida em que se tornava gloriosa e admirada.

A guerra do Peloponeso foi um testemunho desse ciclo de dominação e resistência – ciclo que, ao fim e ao cabo, ela exacerbou grandemente. Em oposição aos incidentes que desencadearam a guerra, a "causa mais verdadeira" desta última, como disse Tucídides em uma passagem célebre, "foi o poder crescente dos atenienses e o temor que isso inspirava nos espartanos". Se a guerra então exigiu dos atenienses que explorassem ainda mais seu "poder crescente", também ofereceu a seus súditos novas possibilidades de revolta e de liberação (espartana). A advertência de Cleonte aos atenienses, no quinto ano do conflito, foi ainda mais forte que a de Péricles: "seu império é um despotismo e seus súditos, conspiradores descontentes" – e os eventos não o desmentiriam. No fim da guerra, quando os espartanos, liderados por Lisandro, aproximavam-se de sua cidade cercada e faminta, os atenienses, como disse Xenofontes, choravam por sua derrota e mais ainda por seu destino, pois temiam ser tratados da forma como haviam tratado tantos outros povos. Toda a Grécia regozijou-se ao ver Atenas cair e os que os atenienses haviam expulso de suas próprias cidades agora retornar a elas.

Tucídides conta-nos que não decidiu escrever uma história apenas para agradar o público imediato. Ele ousava esperar que seu relato da guerra do Peloponeso pudesse "durar para sempre" – já que histórias humanas desse tipo com certeza aconteceriam outra vez. Ele ficaria, pois, satisfeito, disse, "se essas minhas palavras forem julgadas úteis por aqueles que desejam compreender claramente os eventos que ocorreram no passado e que, no curso das coisas humanas, serão, um dia ou outro e de modo muito semelhantes, repetidos no futuro".

SOBRE O AUTOR

MARSHALL SAHLINS nasceu em 27 de dezembro de 1930, em Chicago, nos Estados Unidos. Tornou-se PhD em antropologia pela Universidade Columbia em 1954, com a tese *Social Stratification in Polynesia*, publicada em 1959. Lecionou na Universidade de Michigan de 1964 a 1973 e, desde então, na Universidade de Chicago, onde hoje é professor emérito.

Tornou-se conhecido por suas teorias sobre a história do contato entre europeus e nativos na Polinésia. Além dos doze meses de pesquisa de campo nas Ilhas Fiji, em Moala, entre 1954 e 1955, foi à Turquia (1951) e à Nova Guiné (1964).

Sua carreira acadêmica, de repercussão internacional, inclui estadas como professor visitante em universidades estrangeiras (Paris X - Nanterre, Tóquio e Havaí) e honras de renomadas universidades e centros de pesquisa do mundo (American Anthropological Association, Harvard, CNRS e National Academy of Sciences). Escreveu dezenas de artigos para revistas acadêmicas de prestígio, entre elas *American Anthropologist*, *Scientific American* e *Man*, e mais de dez livros. Atualmente, é editor executivo da Prickly Paradigm Press.

COLEÇÃO EXIT COORDENAÇÃO FLORENCIA FERRARI E MILTON OHATA

Como pensar as questões do século XXI? A coleção Exit é um espaço editorial que busca identificar e analisar criticamente vários temas do mundo contemporâneo. Novas ferramentas das ciências humanas, da arte e da tecnologia são convocadas para reflexões de ponta sobre fenômenos ainda pouco nomeados, com o objetivo de pensar saídas para a complexidade da vida hoje.

LEIA TAMBÉM

24/7 – capitalismo tardio e os fins do sono
Jonathan Crary

Reinvenção da intimidade – políticas do sofrimento cotidiano
Christian Dunker

Os pecados secretos da economia
Deirdre McCloskey

Desobedecer
Frédéric Gros

© Ubu Editora, 2018
© Prickly Paradigm Press LLC, 4ª edição ampliada, 2002

Coordenação editorial FLORENCIA FERRARI
Assistentes editoriais ISABELA SANCHES e JÚLIA KNAIPP
Revisão CECÍLIA FLORESTA
Projeto gráfico da coleção ELAINE RAMOS e FLÁVIA CASTANHEIRA
Assitente de design LIVIA TAKEMURA
Produção gráfica LILIA GÓES

Nesta edição, respeitou-se o novo Acordo Ortográfico da Língua Portuguesa.

Dados Internacionais de Catalogação na Publicação (CIP)

Sahlins, Marshall [1930-]
Esperando Foucault, ainda: Marshall Sahlins / Título original: Waiting for Foucault, still / Tradução: Marcela Coelho de Souza e Eduardo Viveiros de Castro
São Paulo: Ubu Editora, 2018 / 112 pp.
ISBN 978 85 92886 34 9

1. Aforismos e apotegmas 2. Antropologia - Humor
3. Poder (Ciências sociais) I. Título.

12-15044 CDD 301.0207

Índices para catálogo sistemático:
1. Antropologia: Crítica: Tratamento humorístico
301.0207

UBU EDITORA
Largo do Arouche 161 sobreloja 2
01219 011 São Paulo SP
(11) 3331 2275
ubueditora.com.br

fonte Edita e Trade Gothic
papel Alta alvura 90 g/m²
impressão Intergraf